MÉMOIRE

SUR LES

TEINTURES ALCOOLIQUES.

MÉMOIRE

SUR LES

TEINTURES ALCOOLIQUES;

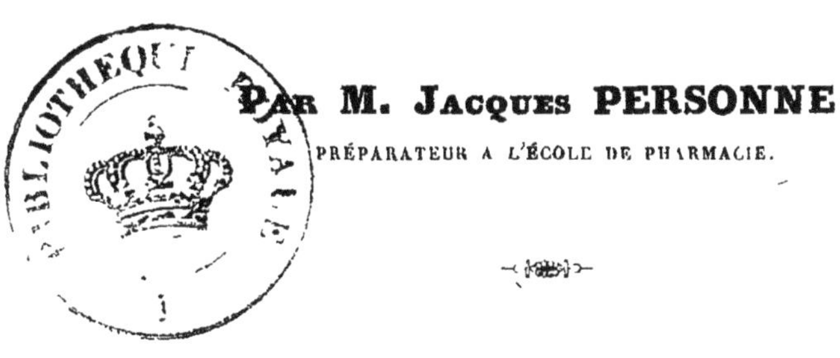

PAR M. JACQUES PERSONNE,
PRÉPARATEUR A L'ÉCOLE DE PHARMACIE.

(MÉMOIRE COURONNÉ PAR LA SOCIÉTÉ DE PHARMACIE.)

PARIS.
IMPRIMERIE DE FAIN ET THUNOT,
RUE RACINE, 28, PRÈS DE L'ODÉON.

1845

MÉMOIRE

SUR LES

TEINTURES ALCOOLIQUES;

Par M. Jacques PERSONNE.

Sous le nom de teintures alcooliques, d'alcoolés, on désigne des solutions, dans l'alcool, de principes médicamenteux contenus dans les végétaux et les animaux.

Dans ces préparations, l'alcool est destiné presque uniquement, à tenir en dissolution les matières médicamenteuses et à les préserver de toute altération. Ce sont donc des médicaments dans lesquels les praticiens doivent trouver, en tout temps, les matières actives, sinon dans le même état qu'elles se rencontrent dans les végétaux, du moins dans un état de conservation aussi parfait.

Les matières actives qui doivent entrer dans la composition des teintures sont de nature différente suivant les substances qui les fournissent; les unes, comme on le sait, sont plus solubles dans l'alcool concentré, comme les résines; les autres plus solubles, au contraire, dans l'alcool faible ou dans l'eau comme les gommes résines et les matières extractives. De là, la nécessité d'employer, pour dissoudre ces diverses matières, de l'alcool à des degrés différents, appropriés à la nature des matières médicamenteuses que renferment les substances sur lesquelles on opère.

Les divers degrés de l'alcool destiné à la préparation des teintures ont été choisis d'une manière purement théorique. En effet, quand l'analyse est venue démontrer que la partie active d'une substance est soluble dans l'alcool concentré, on a prescrit cet alcool pour la préparation de cette teinture; l'analyse est-elle venue, au contraire, prouver que la partie active est plus soluble dans l'alcool faible, la préférence a été accordée à ce dernier. Pour les substances sur la nature desquelles l'analyse ne s'est pas encore bien prononcée, le degré de l'alcool a été choisi d'une manière à peu près empirique, en se basant, toutefois, sur les analogies.

C'est en partant de ces données que le codex a adopté trois degrés différents pour l'alcool destiné à la préparation des teintures, ces degrés sont l'alcool à 36°, 32° et 22° de Baumé ou l'alcool à 86°, 80° et 56° centésimaux. L'alcool à 86° est réservé pour les substances chargées de matières grasses peu solubles, l'alcool à 80° pour les substances contenant quelques principes résineux et des huiles volatiles, enfin l'alcool à 56° pour les substances de nature extractive.

Ces trois degrés alcoométriques prescrits sont-ils les plus favorables à la préparation des teintures alcooliques? Quelques expériences isolées sont venues jeter du doute sur ce premier point.

Les teintures alcooliques ont également pour but d'offrir aux praticiens des solutions faites suivant des proportions connues, afin qu'ils puissent se rendre compte du rapport qui existe entre la quantité de la teinture prescrite et celle de la substance qui a servi à la préparation de cette teinture.

La nature si diverse des substances végétales et animales qui servent à la préparation de ces médicaments, fait penser tout d'abord, qu'une même quantité de véhicule ne doit pas être suffisante pour dissoudre totalement tous les principes contenus dans chacune de ces substances : dans ce cas, la proportion d'alcool devra varier suivant la quantité des matières solubles contenues dans les matières employées. Cependant, comme il est très-utile que les praticiens retiennent facilement ces proportions, les divers auteurs se sont tous accordés à n'en admettre qu'un petit nombre. C'est ainsi que le codex prescrit, pour la généralité des cas, la proportion de quatre parties d'alcool pour une partie de matière employée.

Ces quatre parties d'alcool sont-elles suffisantes pour dissoudre la totalité des principes actifs de la matière animale ou végétale employée, ou bien reste-t-il dans cette matière une certaine quantité de principes n'ayant pu entrer en dissolution dans l'alcool, à cause de la trop faible proportion de ce véhicule? Dans le premier cas, le rapport entre l'alcool et la substance employée sera vrai; dans le second, ce rapport ne sera pas vrai et il résultera de cette incertitude que, lorsqu'un médecin prescrira une dose quelconque d'une teinture, il ne saura pas combien cette teinture représente de la substance qui a servi à sa préparation, combien elle contient de parties végétales ou animales dissoutes et ne pourra par conséquent en apprécier sûrement les effets.

Les premières, et je dirai les seules tentatives connues pour déterminer le degré réel de l'alcool ainsi que sa proportion à employer pour la préparation des teintures, ont été faites en 1817 par MM Cadet et Deslauriers (1).

Le procédé que ces habiles pharmacologistes ont employé et qu'ils ont donné comme le meilleur moyen d'arriver à des résultats aussi exacts que possible, se divise en deux opérations distinctes.

La première consiste à épuiser complétement par macération à froid, au moyen de l'alcool à 36° B., une quantité pesée de chaque substance préalablement séchée à l'étuve; le poids dont cette substance a diminué indique la quantité de matière dissoute par l'alcool. En faisant la même opération avec l'eau distillée, on obtient les proportions de matière dissoute par l'eau et l'alcool séparément et on arrive, suivant ces auteurs, à connaître la quantité de matière soluble qu'un poids déterminé d'une substance quelconque peut fournir.

Ces données acquises, il faut avoir recours à une nouvelle opération pour déterminer la quantité relative des deux véhicules nécessaires pour tenir en dissolution la totalité des prin-

---

(1) (*Journ. de Pharm.*, t. III, p. 402.) Je dois citer cependant les essais pour arriver au même but, de M. Massonfour (*Bulletin de Pharm*, t. I), et ceux de M. Coldefey (*Journ. de Pharm*, t. II) qui consistent à épuiser les substances sur lesquelles ils ont opéré à plusieurs reprises par l'alcool employé en macération à chaud, etc. Mais le temps et l'usage ont prouvé que le but ne justifiait pas les moyens

cipes solubles. Cette opération consiste : à préparer des teintures saturées en faisant macérer dans le moins d'alcool possible à 36° B. les substances que l'on veut essayer, à filtrer et à faire évaporer un poids déterminé de la teinture pour obtenir la quantité de matière tenue en dissolution, à répéter la même opération avec l'eau distillée, puis à chercher la quantité d'alcool nécessaire pour dissoudre une partie quelconque de l'extrait obtenu avec l'alcool, répéter cette opération avec l'eau et l'extrait obtenu avec ce véhicule. Il suffit, alors, de multiplier par la totalité de l'extrait fourni par la substance, la quantité de chaque véhicule nécessaire pour dissoudre une partie aliquote de cet extrait, afin d'obtenir la proportion d'alcool et d'eau dont le mélange doit servir à la préparation de la teinture.

Ce procédé, tout ingénieux qu'il est, n'est cependant pas exact, car il repose sur un principe dont la vérité est loin d'être prouvée, principe qui même est faux dans la généralité des cas.

Il n'est pas exact de dire en effet, que si on traite séparément par l'alcool et par l'eau une substance qui contient des matières résineuses ou huileuses avec des matières extractives ou gommeuses, on dissoudra au moyen de l'alcool toutes les matières solubles dans ce véhicule que la substance renferme et qu'il en sera de même avec l'eau. Pour que cela fût vrai, il faudrait que ces matières de nature si différente existassent dans les végétaux dans un état de scission complète.

N'est-il pas plus raisonnable, au contraire, de penser que ces matières y sont dans un état de mélange assez parfait, et que s'enveloppant mutuellement elles se soustraient ainsi à l'action de chaque dissolvant employé séparément? Ce n'est qu'ainsi qu'il est permis d'expliquer la différence des résultats que j'ai obtenus pour plusieurs corps, comme on le verra dans l'exposé des expériences que je donnerai plus loin.

Ainsi donc, il n'existe pas d'expériences assez exactes pour légitimer l'emploi des trois degrés alcoométriques prescrits par le codex.

Il n'en existe pas non plus qui fassent connaître d'une manière précise, si la proportion d'alcool prescrite est suffisante pour dissoudre en totalité les principes actifs des matières soumises à son action.

C'est dans le but de dissiper l'obscurité qui règne sur ces deux points capitaux, que la Société de Pharmacie a mis au concours les deux propositions suivantes :

Déterminer par des expériences précises, quels sont les degrés de l'alcool les plus favorables à la préparation des teintures alcooliques

Quelle est la proportion d'alcool indispensable pour dissoudre toutes les parties actives des substances médicamenteuses les plus généralement employées.

Si les nombreuses expériences que j'ai faites ne mènent pas au but définitif, et il faut peut-être en accuser l'état actuel de la science, elles serviront du moins, je le crois, à faire disparaître en grande partie l'obscurité qui règne sur la préparation des teintures alcooliques et à fixer définitivement pour un grand nombre d'entre elles, le véritable degré de l'alcool ainsi que la proportion nécessaire de ce véhicule pour dissoudre le plus favorablement et le plus complétement les principes actifs des substances employées à ces préparations.

Ces expériences sont donc de deux sortes : 1° Rechercher si la proportion d'alcool employée aujourd'hui est suffisante pour dissoudre en totalité ou du moins le plus possible des principes contenus dans les substances, et dans le cas contraire chercher quelle est la meilleure proportion à employer; 2° Rechercher également, quel est le degré de l'alcool qui convient le mieux pour dissoudre les principes actifs de ces substances.

Pour déterminer la quantité d'alcool nécessaire, il s'agissait de mettre les matières à essayer en macération avec des quantités variables d'alcool, de retirer ensuite la totalité de la teinture et de la soumettre à l'évaporation pour obtenir le poids des matières dissoutes. J'ai d'abord voulu employer l'expression pour retirer la teinture, mais je me suis bientôt convaincu que ce moyen était insuffisant; une même opération, répétée plusieurs fois avec les mêmes proportions de véhicule et de substance, m'a donné toujours des résultats trop différents. Il est, en effet, impossible de pouvoir graduer la pression de manière à ce qu'elle soit toujours la même dans tous les cas, alors il reste dans le résidu une quantité plus ou moins grande de teinture et par conséquent de principes qui cependant ont été dissous par l'alcool.

Voici quel est le procédé auquel je me suis arrêté, procédé qui du reste a été indiqué dans le programme du prix proposé par la Société de Pharmacie, et qui est certainement le plus sûr pour arriver à des résultats exacts.

Une quantité déterminée de substance a été mise en macération pendant un temps convenable dans une proportion donnée d'alcool ; la macération terminée, le tout a été jeté sur un filtre ; la quantité de teinture filtrée a été pesée exactement, puis soumise à l'évaporation au bain-marie ; enfin l'extrait obtenu a été séché dans une étuve chauffée de 70° à 90° jusqu'à ce qu'il n'ait plus changé de poids. Le poids de cet extrait, soustrait de celui de la teinture évaporée, donne le poids de l'alcool contenu dans cette quantité de teinture : il suffit alors d'une simple proportion pour connaître le poids total d'extrait qu'aurait fourni toute la teinture.

15 gram. de cannelle, par exemple, ont été mis en macération avec 5 parties ou 75 gram. d'alcool à 80°, le poids de la teinture qui a passé à travers le filtre était de 27gr.,08 ; celui de l'extrait obtenu de cette quantité de teinture et séché complétement, était de 0gr.,94. En retranchant 0,94 de 27,08 on obtient 26,14 pour le poids de l'alcool contenu dans la quantité de teinture évaporée : alors, la proportion suivante, 26,14 : 0,94 :: 75 : x, donne le poids total de la matière que la totalité de l'alcool a dissoute : $x = 2$gr.,69 d'extrait.

Toutes ces expériences ont été faites avec les mêmes précautions. J'ai toujours employé la même substance pour chaque série d'expériences et pour cela j'ai préparé des poudres de chaque matière en quantité suffisante pour toutes les opérations. La macération a été de 15 jours pour toutes, et pour éviter toute déperdition d'alcool pendant la filtration, le vase servant de récipient a été recouvert d'une feuille de papier fixée sur les bords du vase et portant à son milieu une ouverture juste suffisante pour laisser passer le bec de l'entonnoir ; ce dernier a été également recouvert d'une feuille de papier maintenue au moyen d'un disque de verre.

Quant au moyen pour arriver à déterminer quel est le degré

le plus favorable de l'alcool, on conçoit qu'il doit varier suivant la nature des substances à essayer.

Quand les principes actifs contenus dans les substances, se sont trouvés être des principes parfaitement définis, caractérisés, je les ai dosés ; c'est ce que j'ai pu faire pour les quinquinas, la noix vomique, le jalap.

Ces dosages ont été faits de la manière suivante : Pour les quinquinas et la noix vomique, la teinture a été évaporée au bain-marie et l'extrait obtenu traité par l'eau acidulée, la liqueur filtrée a été précipitée par le sous-acétate de plomb pour enlever toutes les matières étrangères à l'alcaloïde, et enfin l'excès de plomb ayant été séparé par l'hydrogène sulfuré, les alcaloïdes ont été précipités par une dissolution de tannin pur ; c'est donc à l'état de tannates que ces alcaloïdes ont été dosés.

Pour le jalap, j'ai extrait la résine d'une quantité donnée de teinture.

Mais, si pour ces substances, les moyens de contrôle sont faciles, il n'en est pas de même pour le plus grand nombre, dont les principes actifs sont mal définis et ne jouissent pas des propriétés chimiques caractérisées. Comment, par exemple, pour la Ciguë, la Belladone, la Rhubarbe, la Gentiane, etc., pourra-t-on trouver si la teinture préparée avec l'alcool à 80° contient plus de pricipes actifs que celle préparée avec l'alcool à 56° ?

Parmi ces substances, il en est quelques-unes dont les propriétés résident dans un principe amer, comme la Rhubarbe, la Gentiane, l'Absinthe. Pour celles-là, j'ai pris deux quantités déterminées de teintures préparées avec de l'alcool à différents degrés et j'ai cherché, en les étendant d'eau, quelle était celle qui exigeait une plus grande quantité de ce véhicule pour que l'amertume disparût.

Malheureusement, il est un trop grand nombre de matières pour lesquelles ces moyens d'investigation ne peuvent être employés, et c'est là une lacune que je n'ai pu combler ; ce n'est que par le raisonnement basé sur l'analyse chimique de ces substances, que j'ai choisi le degré d'alcool convenable. Le seul moyen, selon moi, d'arriver au but désiré pour ces substances, serait d'essayer dans la pratique médicale des teintures préparées avec ces matières et de l'alcool à divers degrés.

Les degrés d'alcool que j'ai employés dans le cours de mes expériences sont au nombre de 5, savoir : l'alcool à 90, 80, 70, 56, et 45 centésimaux.

Pour faciliter l'intelligence des faits qui vont suivre, je poserai d'abord les principes suivants, auxquels j'ai été conduit par près de 300 expériences ainsi faites.

1° Les degrés de l'alcool prescrits par le Codex ne sont pas toujours ceux qui sont le plus favorables pour dissoudre en plus grande quantité les principes actifs contenus dans les substances employées.

2° La proportion de 4 parties d'alcool pour 1 de substance adoptée par le Codex, n'est presque dans aucun cas suffisante pour dissoudre en totalité les matières solubles de ces substances.

3° La proportion d'alcool suffisante pour épuiser complétement les substances, est de 5 parties d'alcool pour 1 de la matière employée. Pour deux ou trois cas, cependant, 4 parties d'alcool suffisent, mais il est utile, je crois, vu le petit nombre de ces exceptions, d'adopter généralement 5 parties de véhicule.

4° La proportion d'alcool est toujours suffisante, lorsque ce véhicule baigne bien les matières soumises à son action, quand ces matières sont de nature herbacée comme les feuilles : dans le cas contraire, elle est presque toujours insuffisante.

Je ferai observer que, chaque fois que la différence entre la quantité de matière dissoute avec l'alcool au degré prescrit par le Codex et celui que j'ai employé, a été assez faible pour être insignifiante, j'ai cru devoir conserver le degré prescrit par ce formulaire, pour ne pas faire des changements à peu près inutiles.

EXPÉRIENCES.

1° *Quina jaune.*

					Gram. Cent.
1 part. ou 15 gr. trait. par		60 gr.	ou 4 part. d'alcool à 80°.	Total de l'ext. de la teint.	— 1, 03
—	—	75	ou 5 p.	*id.*	— 1, 55
—	—	*id.*	*id.*	*id.*	— 1, 59
—	—	90	ou 6 p.	*id.*	— 1, 47
—	—	75	ou 5 p.	70°.	— 1, 42
—	—	60	ou 4 p.	56°.	— 1, 43
—	—	75	ou 5 p.	*id.*	— 1, 74
—	—	90	ou 6 p.	*id.*	— 1, 68
—	—	75	ou 4 p.	45°	— 1, 50
—	—	90	ou 6 p.	*id.*	— 1, 78

Le dosage des alcaloïdes a été fait comme je l'ai dit plus haut.

150 grammes de teinture avec :

1 partie de quina de 5 parties d'alcool à 80°. Poids du précipité obtenu — 2, 451

150 gram. de teint. avec 1 partie de quina de 5 parties d'alcool à 56°. — 0, 696

Un premier dosage, fait dans des circonstances différentes, a donné pour l'alcool à 80°. — 1, 797

Et pour l'alcool à 56°. — 0, 641

On voit, d'après ces résultats, que l'alcool à 80°, quoique ne donnant pas la plus grande quantité d'extrait, enlève cependant une beaucoup plus grande quantité de matière active que l'alcool plus faible.

La préférence doit donc être accordée à ce degré alcoométrique ; de plus, 5 parties du véhicule étant la proportion qui donne le plus d'extrait, cette proportion doit être adoptée.

2° *Quina rouge.*

					Gr.
1 part. ou 15 g. traitée par		60 gr.	ou 4 part. d'alc. à 80°	Tot. de l'ext. de la teint.	— 1, 97
—	—	75	ou 5 p.	*id.*	— 2, 42
—	—	90	ou 6 p.	*id.*	— 2, 37
—	—	75	ou 5 p.	75°.	— 2, 05
—	—	60	ou 4 p.	56°.	— 1, 98
—	—	75	ou 5 p.	*id.*	— 2, 31
—	—	90	ou 6 p.	*id.*	— 2, 26
—	—	75	ou 5 p.	45°.	— 1, 99

Dosage de l'alcaloïde.

150 gr. de teint. faite avec 1 part. de quina et 5 part. d'al. à 80°. Précip. obtenu — 1, 346

150 — à 50°. — 1, 394

On voit que, contrairement à ce qui a eu lieu pour le quina jaune, l'alcool à 56° dissout plus de matière active que l'alcool à 80°. Je donnerai donc la préférence à l'alcool à 56°, et comme cinq parties donnent plus d'extrait que quatre, j'adopterai la proportion de cinq parties de ce véhicule.

3° *Quina gris.*

						Gr.
1 part. 15 gram. trait. par	60 gr.	ou 4 p.	d'al. à 80°.	Extrait de la total. de la teint.	—	2, 69
— —	75	ou 5 p.	*id.*		—	2, 89
— —	60	ou 4 p.	56°.		—	3, 21
— —	75	ou 5 p.	*id.*		—	3, 15
— —	90	ou 6 p.	*id.*		—	3, 07
— —	75	ou 5 p.	45°.		—	2, 87

Dosage des alcaloïdes.

Teinture employée.

150 gr. de teint. faite avec 1 part. de quina et 5 part. d'alc.	à 80°.	Précip. obtenu	—	1, 107
150 — — —	à 56°.		—	1, 795

Ces résultats sont encore inverses de ceux obtenus avec le quina jaune : ici c'est encore l'alcool à 56° qui dissout le plus de matière active. Cette expérience s'accorde avec le résultat que M. Guibourt a obtenu en 1818, lors de la rédaction du Codex de cette époque, en essayant l'action de l'alcool à divers degrés sur le quinquina gris ; il a vu, en effet, que le résidu de quinquina gris traité par l'alcool à 80° était encore amer, tandis que celui qui avait été traité par une même quantité d'alcool à 56° était insipide.

Je donnerai donc la préférence à l'alcool à 56°, comme le fait le Codex, et quoique 4 parties de ce véhicule sont, comme on le voit dans le tableau, suffisantes pour dissoudre la totalité des matières solubles, j'adopterai la proportion de 5 parties, pour faire disparaître, comme je l'ai dit plus haut, ce petit nombre d'exceptions.

On est frappé, tout d'abord, de la différence des résultats obtenus avec le quinquina jaune et les deux autres, et on peut se demander l'explication de cette anomalie. L'explication qui me paraît la plus plausible est celle-ci : le quinquina jaune, comme on le voit par les dernières expériences ci-dessus, est celui qui fournit le moins d'extrait par les différents degrés d'alcool ; contenant par conséquent moins de matières extractives ou autres qui environnent la partie active, cette dernière se trouve en contact immédiat avec l'alcool concentré qui est son meilleur dissolvant, tandis que dans les deux autres quinquinas, ces matières extractives, qui s'y trouvent en plus grande abondance, sont coagulées par l'alcool concentré et soustraient ainsi cette matière active à l'action du véhicule. On voit en effet, que pour le quinquina rouge, qui fournit une moins grande quantité d'extrait que le quinquina gris, la différence entre la quantité d'alcaloïde dissous par l'alcool fort et l'alcool faible, est assez minime, tandis qu'elle est assez forte pour le quinquina gris, qui fournit le plus d'extrait.

Ne pourrait-on pas admettre aussi l'existence de certains principes, encore inconnus ou mal définis, plus ou moins solubles suivant l'espèce de quinquina à laquelle ils appartiendraient, principes qui empêcheraient ou faciliteraient la dissolution de la matière active? Malgré les progrès de la chimie organique, cette science n'est pas encore assez avancée pour nous faire connaître la composition des corps organisés, et par conséquent, empêcher d'émettre cette hypothèse.

4° *Noix vomique.*

						Gr.
1 partie	15 gr. trait. par	60 gr.	ou 4 part.	d'alcool à 80°.	Ext. de la tot. de la teint.	— 1, 02
—	—	75	ou 5 p.	*id.*		— 1, 10
—	—	60	ou 4 p.	56°.		— 1, 28
—	—	75	ou 5 p.	*id.*		— 1, 38
—	—	90	ou 6 p.	*id.*		— 1, 32
—	—	75	ou 5 p.	45°.		— 1, 44
—	—	90	ou 6 p.	*id.*		— 1, 38

Dosage de l'alcaloïde.

Teinture employée.

200 gr. de teint.	faite avec 1 part. de noix vomique	et 5 part.	d'alc. à 80°.	Précip. obtenu	— 1, 126
200 —	—	5 p.	56°.		— 1, 332
200 —	—	*id.*	45°.		— 1, 042

L'alcool à 56° étant celui qui dissout le plus de la combinaison de *strychnine* doit être préféré, ainsi que la proportion de cinq parties qui est celle qui fournit le plus de matières solubles. Le Codex prescrit l'alcool à 80°.

5° *Jalap.*

						Gr.
1 partie	15 gr. trait. par	60 gr.	ou 4 part.	d'alc. à 90°.	Ext. de la total. de la teint.	— 3, 75
—	—	60	ou 4 p.	80°.		— 4, 44
—	—	75	ou 5 p.	*id.*		— 5, 21
—	—	90	ou 6 p.	*id.*		— 5, 26
—	—	105	ou 7 p.	*id.*		— 6, 20
—	—	60	ou 4 p.	70°.		— 4, 36
—	—	60	ou 4 p.	50°.		— 5, 59

Dosage de la résine.

Teinture employée.

					Gr.
100 gr. de teint. faite avec 1 part. de jalap et 5 part. d'al.			à 90°.	Resine obtenue	= 4, 380
100	—	—	à 80°.		= 4, 850
100	—	—	à 70°.		= 3, 825
100	—	—	à 56°.		= 2, 745

J'adopterai l'alcool à 80° pour la préparation de cette teinture, puisque l'expérience prouve que c'est ce degré qui est le plus favorable pour dissoudre le plus de résine, principe actif que l'on a en vue d'obtenir dans ce médicament. J'adopterai également la proportion de 5 parties de ce véhicule, car l'excès de matière dissoute par une plus grande quantité de ce liquide est trop faible pour ne pas être négligée.

Le Codex emploie l'alcool à 56° qui, comme on le voit, dissout une beaucoup moindre quantité de résine que le précédent.

6° *Ipécacuanha.*

					Gr.
1 part. 15 gr. trait.	par 60 gr.	ou 4 part.	d'alcool à 80°.	Ext. de la tot. de la teint.	= 2, 02
— —	75	ou 5 p.	*id.*		= 2, 12
— —	60	ou 4 p.	56°.		= 3, 02
— —	75	ou 5 p.	*id.*		= 3, 21
— —	90	ou 6 p.	*id.*		= 3, 11
— —	75	ou 5 p.	45°.		= 1, 80

Je n'ai pu pour cette substance, doser comme précédemment l'alcaloïde qu'elle renferme ; on sait, en effet, que l'*émétine* impure est précipitée de sa dissolution par l'acétate de plomb. Mais on connaît la grande solubilité de cet alcaloïde dans l'eau, ce qui rend sa préparation peu facile ; c'est ce qui a fait choisir par le Codex l'alcool à 56° pour la préparation de cette teinture.

Ce degré alcoométrique étant justement celui qui dissout le plus de matière, comme on le voit par le tableau ci-dessus, je lui donnerai la préférence, ainsi qu'à la proportion de 5 parties de ce véhicule qui enlève un excédant de matière de 0,19.

7° *Rhubarbe.*

					Gr.	
1 part. ou 15 gr. trait.	par 60 gr.	ou 4 part.	d'alcool à 80°.	Tot. de l'extrait obtenu	= 6, 00	
— —	75	ou 5 p.	*id.*		= 6, 34	
— —	60	ou 4 p.	56°.		= 6, 44	
— —	75	ou 5 p.	*id.*		= 6, 89	
— —	90	ou 6 p.	*id.*		= 6, 81	
— —	75	ou 5 p.	45°.		= 6, 80	Tres mucilagineuses.
— —	90	ou 6 p.	*id.*		= 6, 74	

J'ai recherché quelle était celle de ces teintures dans laquelle l'amertume pouvait persister davantage après addition d'eau. 10 grammes de chacune de ces teintures préparées avec 1 p. de rhubarbe et 5 p. d'alcool à 56° et 80° ont été étendus d'une même quantité d'eau (400 gr.); la teinture avec l'alcool à 80° s'est troublée et possédait encore un peu d'amertume ; celle préparée avec l'alcool à 56° est restée transparente et n'offrait plus de saveur amère, d'où on peut conclure que l'alcool à 80° dissout plus de principe actif.

Mais, comme on le sait, cette teinture est souvent administrée en nature ; dans ce cas, l'alcool à 80° serait réellement un liquide par trop alcoolique. Je crois donc qu'il vaut mieux, comme le Codex, adopter pour cette raison l'alcool à 56° seulement. J'adopterai la proportion de 5 p. de ce véhicule, qui est celle qui enlève le plus de matière à cette substance.

8° *Absinthe.*

						Gr.
1 part.	15 gr.	traitée par 60 gr.	ou 4 part.	d'alcool à 80°.	Totalité de l'extrait	= 2, 20
—	—	75	ou 5 p.	*id.*		= 2, 67
—	—	60	ou 4 p.	56°.		= 2, 91
—	—	75	ou 5 p.	*id.*		= 3, 58
—	—	90	ou 6 p.	*id.*		= 3, 11
—	—	75	ou 5 p.	45°.		= 3, 53
—	—	90	ou 6 p.	*id.*		= 3, 50

20 grammes de teinture préparée avec 1 p. d'absinthe et 5 p. de chacun des différents degrés d'alcool ci-dessus désignés, ont été étendus d'une même quantité d'eau (400 gr.); la saveur amère de toutes ces teintures, quoique très-affaiblie, se faisait encore sentir, et je n'ai pu établir de différence quant au degré d'amertume présenté par chacune d'elles, ce que j'ai fait constater par d'autres personnes, ne voulant pas m'en fier à moi seul.

Comme toutes ces teintures jouissent des mêmes propriétés, puisque c'est le principe amer qu'on recherche dans ce médicament, et que, de même que la précédente, cette teinture est également administrée seule, je ne vois pas la nécessité de changer le degré alcoométrique prescrit par le Codex.

J'adopterai donc l'alcool à 56° à la proportion de 5 parties, qui, comme on le voit dans le tableau, fournit le plus d'extrait.

9° *Gentiane.*

					Gr.
1 partie	15 gr.	traitée par 60 gr.	ou 4 parties d'alcool à 80°.	Totalité de l'extrait	— 4, 75
—	—	75	ou 5 p.	*id*	— 4, 89
—	—	75	ou 5 p.	70°.	— 5, 34
—	—	90	ou 6 p.	*id.*	— 5, 29
—	—	60	ou 4 p.	56°.	— 5, 24
—	—	75	ou 5 p.	*id.*	— 5, 22
—	—	75	ou 5 p.	45°.	— 4, 95

Cette substance a été essayée comme les précédentes. Les teintures d'essais ont également été préparées avec 1 partie de la substance et 5 parties d'alccol à différents degrés, et comme je n'ai pu constater de différence dans le degré de l'amertume présentée par chacune de ces teintures après avoir été étendues d'une même quantité d'eau, je ne vois pas la nécessité de changer le degré adopté par le Codex, d'autant plus que cette teinture est, comme les deux précédentes, souvent administrée seule. Je prescrirai donc l'alcool à 56°.

Ici encore, comme on le voit, il y a une exception à la règle générale, qui est que 4 p. donnent plus d'extrait que 5 p.; mais, je le répète, comme il y a certainement avantage à employer la même proportion pour le plus grand nombre possible, j'adopterai la proportion de 5 parties d'alcool.

10° *Digitale.*

					Gr.
1 partie	15 gr.	traitee par 60 gr.	ou 4 parties d'alcool à 80°.	Totalité de l'extrait	— 3, 65
—	—	75	ou 5 p.	*id.*	— 4, 11
—	—	60	ou 4 p.	56°.	— 5, 47
—	—	75	ou 5 p.	*id.*	— 5, 66
—	—	90	ou 6 p.	*id.*	— 5, 80
—	—	75	ou 5 p.	45°.	— 5, 02

Au lieu de l'alcool à 80° prescrit par le Codex, j'adopterai pour cette substance l'alcool à 56°, parce que, comme on le sait parfaitement, surtout depuis le travail de M. Homolle, le principe actif de la digitale est très-bien dissous par l'eau. Depuis longtemps, personne n'ignore également, avec quelle circonspection doit être administrée l'infusion de digitale à cause de son énergie. Je donnerai également la préférence à la proportion de 5 p. de ce véhicule en négligeant le petit excès de matière dissoute par 6 parties.

11° *Belladone.*

						Gr.
1 partie ou 15 gr. traitée par		60 gr.	ou 4 part. d'alcool à	80°.	Totalité de l'extrait	= 1, 90
—	—	60	ou 4 p.	56°.		= 2, 35
—	—	75	ou 5 p.	*id.*		= 2, 46
—	—	90	ou 6 p.	*id.*		= 2, 49
—	—	75	ou 5 p.	45°.		= 2, 50
—	—	90	ou 6 p.	*id.*		= 2, 44

On voit ici que, l'alcool à 80° dissout moins de matière que l'alcool à 56° et que 5 p. de ce dernier en dissolvent un peu plus que 4. Quel est celui de ces deux véhicules qui a dissous le plus de principes actifs? L'*atropine* est très-soluble dans l'alcool concentré, mais on sait aussi que ce principe actif existe dans cette plante à l'état de combinaison parfaitement soluble dans l'eau, surtout à la faveur des matières extractives contenues dans cette plante; c'est ce qui a fait admettre par le Codex l'alcool à 56° pour la préparation de cette teinture. De plus, la teinture préparée avec l'alcool à 80° est verte et par conséquent chargée de chlorophylle, substance inerte, tandis que les autres ne contiennent que des quantités insensibles de cette matière. On voit également qu'il n'existe pas de différence sensible entre la quantité d'extrait obtenu avec l'alcool à 56° et l'alcool à 45°.

12° *Strammonium.*

						Gr.
1 partie 15 gr. traitée par		75 gr.	ou 5 parties d'alcool à	80°.	Totalité de l'extrait	= 2, 36
—	—	60	ou 4 p.	56°.		= 3, 05
—	—	75	ou 5 p.	*id.*		= 3, 15
—	—	90	ou 6 p.	*id.*		= 3, 14
—	—	75	ou 5 p.	45°.		= 3, 95
—	—	90	ou 6 p.	*id.*		= 4, 10

Le principe actif de cette subtance, de même que celui de la belladone et pour les mêmes raisons, est très-soluble dans l'eau; aussi le Codex a-t-il prescrit l'alcool à 56° pour la préparation de cette teinture. Mais ces expériences prouvent que la différence entre la quantité de matière dissoute par l'alcool à 56° et l'alcool à 45°, étant de 0,81, est assez forte pour ne pas être négligée, et que la préférence doit être accordée à ce dernier véhicule.

La quantité d'extrait en plus fournie par 6 p. de ce véhicule est assez faible pour être négligée et adopter la proportion de 5 p.

13° *Jusquiame.*

						Gr.
1 partie	15 gr. trait. par	60 gr.	ou 4 parties	d'alcool à 80°.	Totalité de l'extrait	— 1, 53
—	—	60	ou 4 p.	56°.		— 3, 09
—	—	75	ou 5 p.	*id.*		— 3, 24
—	—	90	ou 6 p.	*id.*		— 3, 29
—	—	75	ou 5 p.	45°.		— 4, 37
—	—	90	ou 6 p.	*id.*		— 4, 24

Le Codex a adopté, pour les mêmes raisons que les deux précédentes, l'alcool à 56° pour la préparation de cette teinture ; ici encore, l'excès de matière dissoute par l'alcool à 45° est trop fort pour être négligé, puis qu'il est de 1,08. J'adopterai donc, pour ces trois substances, l'alcool à 45° et la proportion de 5 p. de ce véhicule.

14° *Ciguë.*

						Gr.
1 partie	15 gr. traitée par	60 gr.	ou 4 parties	d'alcool à 80°.	Totalité de l'extrait	— 2, 59
—	—	60	ou 4 p.	56°.		— 4, 20
—	—	75	ou 5 p.	*id.*		— 4, 19
—	—	90	ou 6 p.	*id.*		— 4, 23
—	—	75	ou 5 p.	45°.		— 4, 92
—	—	90	ou 6 p.	*id.*		— 4, 86

Le Codex, se fondant sur ce que les sels de *conicine* sont excessivement solubles dans l'eau, a adopté l'alcool à 56° pour cette teinture. On voit, en effet, une grande différence entre la quantité de matière soluble enlevée par l'alcol à 80° et l'alcool à 56° ; on voit également qu'il y a une différence de 0,69 entre celle qui a été dissoute par ce dernier et l'alcool à 45° Cet exédant de matière soluble est peut-être dû à des matières gommeuses ou mucilagineuses, inertes ; mais d'un autre côté, la teinture avec l'alcool à 56° est verdâtre et contient par conséquent de la chlorophylle, matière inerte également. Comme dans ces deux cas, il y a compensation, je donnerai la préférence à l'alcool qui fournit le plus de matières solubles, et par conséquent j'adopterai l'alcool à 45° à la proportion de 5 parties.

15° *Aconit.*

						Gr	
1 part.	15 gr. traitée par	60 gr.	ou 4 part.	d'alcool à 80°.	Total de l'ext.	— 1, 98	
—	—	60	ou 4 p.	56°.		— 2, 96	Teint. un peu vertes.
—	—	75	ou 5 p.	*id.*		— 2, 95	
—	—	75	ou 5 p.	45°		— 3, 60	=24 °/o non vertes.
—	—	90	ou 6 p.	*id.*		— 3, 65	

Le Codex a prescrit pour cette teinture l'alcool à 56°, parce que l'*aconitine* existant dans la plante, comme les autres alcaloïdes, à l'état de sel, est par conséquent très-bien dissoute par l'eau. Pour ces raisons, je donnerai la préférence à l'alcool à 45° parce que l'excès de matière enlevée par l'alcool étant de 0,65 est assez fort pour ne pas être négligé. J'adopterai aussi la proportion de 5 p. de ce véhicule qui est celle qui fournit le plus d'extrait.

16° *Séné.*

					Gr.	
1 part. 15 gr. trait. par	75 gr. ou	5 part. d'alcool à	80°.	Total. de l'ext.	= 2, 54	
— —	60	ou 4 p.	56°.		= 3, 62	
— —	75	ou 5 p.	*id.*		= 3, 70	
— —	90	ou 6 p.	*id.*		= 3, 69	
— —	75	ou 5 p.	45°.		= 3, 96	Très mucilagineuses.
— —	90	ou 6 p.	*id.*		= 4, 08	

De même que le Codex, je donnerai la préférence à l'alcool à 56°, puisqu'il est assez bien connu que le principe actif (*cathartine*) du séné se dissout très-bien dans l'eau alcoolisée. Je n'adopte pas l'alcool à 45° quoique donnant une plus grande quantité d'extrait, parce que la teinture obtenue avec cet alcool est tellement visqueuse, qu'elle filtre avec la plus grande difficulté ; l'excédant de produit obtenu n'est certainement dû qu'aux matières mucilagineuses qui sont inertes, et qui viennent inutilement augmenter la masse. La teinture préparée avec l'alcool à 56° est tout aussi sapide et n'est pas, à beaucoup près, aussi mucilagineuse. Je donnerai aussi la préférence à la proportion de 5 p. de ce véhicule, quoique la quantité de matière dissoute en excès soit très-faible.

17° *Feuilles d'azarum.*

					Gr.
1 partie 15 gr. trait. par	60 gr. ou	4 parties d'alcool à	80°.	Totalité de l'extrait	= 1, 96
— —	60	ou 4 p.	56°.		= 2, 28
— —	75	ou 5 p.	*id.*		= 2, 99
— —	90	ou 6 p.	*id.*		= 3, 27
— —	75	ou 5 p.	45°.		= 3, 87
— —	90	ou 6 p.	*id.*		= 3, 69

Cette substance doit, comme on le sait, ses propriétés à une matière soluble dans l'eau (la *citisine* ou *cathartine*), et peut-être aussi à une petite quantité d'huile grasse et d'huile essentielle. Cette *citisine*, étant très-soluble dans l'eau, on conçoit que l'alcool faible aura le double avantage de dissoudre cette matière en même temps que la majeure partie des matières grasses qui ne sont probablement pas dépourvues d'action.

J'adopterai donc l'alcool à 45°, ainsi que la proportion de 5 p. de ce véhicule qui, comme on le voit dans ce tableau, est celle qui enlève le plus de matières solubles (1).

18° *Bulbes de colchique.*

						Gr.
1 partie	15 gr.	trait par 60 gr.	ou 4 parties	d'alcool à 56°.	Totalité de l'extrait	— 2, 56
—	—	75	ou 5 p.	*id.*		— 2, 89
—	—	90	ou 6 p.	*id.*		— 3, 29
—	—	75	ou 5 p.	80°.		— 1, 79
—	—	75	ou 5 p.	45°.		— 3, 35
—	—	90	ou 6 p.	*id.*		— 3, 30

Le Codex prescrit l'alcool à 56° pour la préparation de cette teinture, se fondant avec raison sur ce que le gallate de *vératrine*, auquel ce bulbe doit ses propriétés, est très-soluble dans l'eau. On sait également que le vin, véhicule très-peu alcoolique, le vinaigre, dissolvent très-bien la partie active de cette substance.

Je donne donc la préférence à l'alcool à 45°, liquide une fois plus alcoolique que le vin, car, comme on le voit dans ce tableau, 5 p. de ce véhicule dissolvent plus de matières que 5 p. d'alcool à 56°; la proportion à employer sera également de 5 p.

19° *Ellébore blanc.*

						Gr.
1 partie	1 gr.	trait. par 60 gram.	ou 4 parties	d'alcool à 80°.	Totalité de l'extrait	— 3, 82
—	—	60	ou 4 p.	56°.		— 4, 62
—	—	75	ou 5 p.	*id.*		— 4, 87
—	—	90	ou 6 p.	*id.*		— 4, 81
—	—	75	ou 5 p.	45°.		— 5, 15
—	—	90	ou 6 p.	*id.*		— 5, 27

D'après le même raisonnement que pour les bulbes de colchique, je donnerai la préférence à l'alcool à 45° et à la proportion de 5 p., en négligeant, pour rentrer dans la règle générale, la petite quantité de matière excédant, enlevée par une partie de plus du même véhicule. Le Codex prescrit l'alcool à 56°.

20° *Racine de valériane.*

						Gr.
1 partie	15 gr.	traitée par 60 gr.	ou 4 parties	d'alcool à 56°.	Totalité de l'extrait	— 2, 56
—	—	75	ou 5 p.	*id.*		— 2, 89
—	—	90	ou 6 p.	*id.*		— 3, 03
—	—	75	ou 5 p.	70°.		— 2, 77
—	—	75	ou 5 p.	80°.		— 2, 32
—	—	75	ou 5 p.	45°.		— 3, 46
—	—	90	ou 6 p	*id.*		— 3, 50

(1) Toutes ces substances de nature herbacée sont assez bien baignées par 5 parties d'alcool, à l'exception de l'absinthe et de l'aconit.

Considérant que l'eau, et par conséquent l'alcool faible, dissout parfaitement l'acide *valérianique*, principe actif de la valériane, je donnerai la préférence à l'alcool à 45°, qui est celui qui dissout le plus de matière. J'adopterai également la proportion de 5 parties de ce véhicule, car 6 p. ne donnent pas plus d'extrait.

Le Codex prescrit l'alcool à 56°.

21° *Scille.*

						Gr.
1 partie 15 gr.	traitée par	60 gr.	ou 4 parties	d'alcool à 80°.	Totalité de l'extrait —	3, 89
—	—	75	ou 5 p.	*id.*	—	7, 09
—	—	75	ou 5 p.	70°.	—	9, 37
—	—	60	ou 4 p.	56°.	—	10, 21
—	—	75	ou 5 p.	*id.*	—	10, 92
—	—	90	ou 6 p.	*id.*	—	9, 66
—	—	75	ou 5 p.	45°.	—	10, 17

Le Codex prescrit pour cette substance l'alcool à 56°. Je me garderai de changer ce degré alcoolique, puisque l'expérience m'a démontré que c'est lui qui dissout le mieux les parties solubles de la scille; j'adopterai seulement la proportion de 5 parties qui, comme on le voit, donne la plus grande quantité d'extrait.

22° *Ellébore noir.*

						Gr.
1 partie 15 gr.	traitée par	60 gr.	ou 4 parties	d'alcool à 80°.	Totalité de l'extrait —	3, 22
—	—	75	ou 5 p.	*id.*	—	3, 20
—	—	75	ou 5 p.	56°.	—	4, 34
—	—	90	ou 6 p.	*id.*	—	4, 37
—	—	75	ou 5 p.	45°.	—	2, 92

On attribue généralement les propriétés de cette racine à un mélange d'un acide volatil et d'une matière grasse, ce qui a fait choisir par le Codex l'alcool à 80° pour la préparation de cette teinture. Mais si l'on considère, comme on le voit, d'après mes expériences, que l'alcool à 45°, le plus propre à dissoudre les matières gommeuses et extractives, enlève cependant beaucoup moins de matières solubles à cette racine que l'alcool à 56°; on conclura avec moi que c'est ce dernier qui doit être préféré, car il dissout une plus grande quantité de matière que l'alcool à 80°. Je dirai même que, l'alcool à 56°, dissolvant mieux les matières extractives, doit rendre plus facile la dissolution des matières grasses, parce qu'en désagrégeant les matières extractives, il se trouve mieux en contact avec les premières. Probablement aussi que, ces matières extractives dissoutes, aident elles-mêmes à la dissolution des autres. Ne voit-on pas tous les jours cet effet se produire, quand on traite par l'eau des substances qui renferment un mélange de ces différents corps? L'extrait aqueux de gaïac, par exemple, contient de la résine, qui certainement a été entraînée à la faveur des principes extractifs.

Je donnerai donc la préférence à l'alcool à 56° et à la proportion de 5 parties, car, comme on le voit, on peut négliger la petite quantité en plus de matière dissoute par 1 partie de plus de ce véhicule.

23° *Racine d'azarum.*

						Gr.
1 partie	15 gr. traitée par	60 gr.	ou 4 parties	d'alcool à 80°.	Totalité de l'extrait	= 1, 90
—	—	75	ou 5 p.	id.		= 2, 00
—	—	60	ou 4 p.	56°.		= 3, 34
—	—	75	ou 5 p.	id.		= 3, 29
—	—	90	ou 6 p.	id.		= 3, 30
—	—	75	ou 5 p.	45°.		= 3, 09

J'adopterai l'alcool à 56° pour cette teinture, parce que c'est ce degré qui enlève le plus de matières solubles et que cette racine contient un peu plus de matières grasses que les feuilles. Je prescrirai aussi la proportion de 5 parties de ce véhicule, quoique 4 p. seulement soient suffisantes, comme on le voit par les exemples.

24° *Contrayerva.*

						Gr.
1 partie	15 gr. traitée par	60 gr.	ou 4 parties	d'alcool à 80°.	Totalité de l'extrait	= 1, 15
—	—	75	ou 5 p.	id.		= 1, 31
—	—	75	ou 5 p.	56°.		= 2, 29
—	—	90	ou 6 p.	id.		= 2, 22
—	—	75	ou 5 p.	45°.		= 1, 57

Aucune analyse n'ayant encore démontré quel est la nature du principe actif de cette substance, je choisirai le degré qui fournit le plus de matières solubles, et j'adopterai par conséquent l'alcool à 56° à la proportion de 5 parties qui est celle qui dissout le plus de matière.

25° *Polygala.*

					Gr
1 partie 15 gr. traitee par	60 gr. ou 4 parties d'alcool à	80°.	Totalite de l'extrait	=	4, 88
— —	75 ou 5 p.	*id.*		=	5, 06
— —	75 ou 5 p.	56°.		=	6, 27
— —	90 ou 6 p.	*id.*		=	6, 36
— —	75 ou 5 p.	45°.		=	6, 09

L'eau, comme on le sait, dissout très-bien la partie active du polygala (acide *polygalique*). Je donnerai donc la préférence à l'alcool à 56° qui fournit le plus d'extrait et qui est certainement plus propre que l'alcool à 80° pour enlever ce principe, parce que l'acide pectique, la gomme et l'albumine, contenues dans cette racine, sont certainement coagulées par ce dernier véhicule et préservent ainsi de son contact la matière active. De même, comme on peut négliger le très-faible excès de matières dissoutes par 6 p. de cet alcool, j'adopterai la proportion de 5 parties de ce véhicule.

26° *Pyrèthre.*

					Gr.	
1 part. 16 gr. trait. par	60 gr. ou 4 part. d'alcool à	80°.	Totalité de l'ext.	=	1, 24	Très-résineux
— —	75 ou 5 p.	*id.*		=	1, 82	
— —	90 ou 6 p.	*id.*		=	1, 64	
— —	75 ou 5 p.	90°.		=	1, 20	
— —	60 ou 4 p.	56°.		=	2, 13	Peu resineux.
— —	75 ou 5 p.	*id.*		=	2, 20	
— —	75 ou 5 p.	45°.		=	2, 18	

Comme le principe actif de cette substance est uniquement dû à une matière résineuse insoluble dans l'eau, je me garderai de changer le degré alcoométrique adopté par le Códex. Je me suis en effet convaincu, en dissolvant les extraits obtenus, que ceux préparés avec l'alcool fort étaient très-résineux, tandis que ceux au contraire préparés avec l'alcool faible, l'étaient beaucoup moins.

Je prescrirai donc l'alcool à 80°, en donnant la préférence à la proportion de 5 parties de ce véhicule, qui est celle qui enlève le plus de parties solubles à cette racine.

27° *Gingembre.*

					Gr
1 partie 15 gr. traitée par	60 gr. ou 4 parties d'alcool à	80°.	Totalite de l'extrait	=	0, 54
— —	60 ou 4 p.	56°.		=	1, 52
— —	75 ou 5 p.	*id.*		=	1, 75
— —	75 ou 5 p.	45°.		=	2, 01
—	90 ou 6 p.	*id.*		=	1, 82

Cette racine doit ses propriétés à une résine molle, aussi le Codex a-t-il prescrit pour cette teinture l'alcool à 80°. Mais si d'un côté, on considère l'énorme différence entre la quantité de matière dissoute par l'alcool à ce degré et l'alcool à 56°, de l'autre, que cette matière résineuse peut parfaitement être entraînée à la faveur de la matière extractive, on adoptera avec moi l'alcool à 56° et 5 parties de ce véhicule, qui est la proportion qui enlève le plus de parties solubles.

28° *Canelle.*

					Gr.	
1 part.	15 gr. trait. par	60 gr.	ou 4 part.	d'alc. à 80°. Tot. de l'ext.	= 2, 61	
—	—	75	ou 5 p.	*id.*	= 2, 69	
—	—	90	ou 6 p.	*id.*	= 2, 73	
—	—	60	ou 4 p.	56°.	= 2, 73	
—	—	75	ou 5 p.	*id.*	= 2, 80	
—	—	60	ou 4 p.	45°.	= 2, 70	Teintures mucilagineuses au point de ne pouvoir presque pas filtrer.
—	—	75	ou 5 p.	*id.*	= 2, 62	

Comme on le voit par ce tableau, il n'y a pas de différence bien grande dans les quantités de matière dissoutes par ces différents degrés d'alcool; mais, considérant que, plus l'alcool est faible, plus ces teintures sont mucilagineuses, que le principe actif de cette écorce réside dans l'huile essentielle, je donnerai, comme le Codex, la préférence à l'alcool à 80° et en négligeant le faible excès de matière dissoute par 6 p. de ce véhicule, j'adopterai la proportion de 5 parties.

29° *Safran.*

					Gr.	
1 part.	15 gr. trait. par	60 gr.	ou 4 part.	d'alcool à 80°. Tot. de l'ext.	= 8, 10	
—	—	60	ou 4 p.	70°.	= 8, 69	
—	—	60	ou 4 p.	56°.	= 9, 06	
—	—	75	ou 5 p.	*id.*	= 10, 68	
—	—	90	ou 6 p.	*id.*	= 10, 80	
—	—	60	ou 4 p.	45°.	= 8, 89	Teinture tres-mucilagineuse.
—	—	75	ou 5 p.	80°.	= 8, 71	

On voit d'après ces expériences, que l'alcool faible à 55° épuise mieux le safran que l'alcool à 80°; mais, comme on a remarqué que la teinture préparée avec cet alcool faible, laisse déposer au bout d'un certain temps, une assez grande quantité de matière colorante, et qu'elle peut alors n'être plus identique dans sa composition, tandis que celle préparée avec l'alcool à 80° est beaucoup plus stable, je conserverai, comme le Codex, l'alcool à 80°

pour la préparation de cette teinture; seulement, j'adopterai 5 parties de ce véhicule, qui est la proportion qui fournit le plus d'extrait avec la même quantité de substance.

30° *Castoreum*

					Gr.
1 partie 15 gr.	traitée par	60 gr.	ou 4 parties d'alcool à	90°. Totalité de l'extrait	= 6, 00
—	—	75	ou 5 p.	*id.*	= 6, 30
—	—	60	ou 4 p.	80°.	= 6, 60
—	—	75	ou 5 p.	*id.*	= 6, 50
—	—	75	ou 5 p.	70°.	= 6, 65
—	—	60	ou 4 p.	56°.	= 6, 00
—	—	75	ou 5 p.	*id.*	= 5, 95

Il est très-probable que le castoreum doit ses propriétés au mélange d'huile volatile, de *castorine* et d'un peu de résine : ce qui a fait adopter par le Codex l'alcool à 80° pour la préparation de cette teinture.

Mes expériences confirment l'emploi de cet alcool. On voit en effet, par ce tableau, que c'est l'alcool à 80° qui épuise le mieux cette substance. J'ai observé de plus, en faisant évaporer ces diverses teintures, que celles préparées avec l'alcool à 90° et 80°, restaient homogènes pendant toute la durée de l'évaporation, tandis que celles préparées avec l'alcool à 70 et 56°, se séparaient presque immédiatement en deux parties; une couche aqueuse, transparente, au milieu de laquelle nageait une masse résinoïde. D'où je conclus que ces deux alcools avaient dissout une moins grande quantité de matières actives et beaucoup plus de matières albumineuses.

Je conserverai donc le degré employé par le Codex, et quoique 4 parties de ce véhicule soient suffisantes pour épuiser complétement cette substance, je rentrerai cependant dans la règle générale, en adoptant la proportion de 5 parties d'alcool, car le nombre de cas semblables est trop petit pour en faire des exceptions.

31° *Cantharides.*

					Gr	
1 part. 15 gr.	trait. par	60 gr.	ou 4 part. d'alcool à	56°. Tot. de l'ext.	= 2, 22	
—	—	75	ou 5 p.	*id.*	= 2, 67	
—	—	90	ou 6 p.	*id.*	= 3, 03	
—	—	75	ou 5 p.	50°.	= 1, 19	
—	—	75	ou 5 p.	45°.	= 3, 25	Teintures très-mucilagineuses
—	—	90	ou 6 p.	*id*	= 3, 10	

Je n'ai pas eu pour but, en expérimentant sur cette substance, de rechercher quelle était la quantité d'alcool la plus convenable pour enlever le plus de matières solubles, et par conséquent, de prescrire une nouvelle proportion de ce véhicule : il serait peut-être dangereux de modifier la proportion adoptée par le Codex, à cause de la grande énergie de ce médicament. J'ai voulu seulement rechercher quel était le degré alcoométrique le plus convenable. On voit, d'après les résultats consignés dans ce tableau, que la préférence doit être accordée à l'alcool à 56°, ce qui justifie l'emploi que le Codex fait de ce véhicule.

32° *Myrrhe.*

						Gr.
1 partie	15 gr. traitée par	60 gr.	ou 4 parties	d'alcool à 90°.	Totalité de l'extrait	= 4, 12
—	—	75	ou 5 p.	*id.*		= 3, 57
—	—	90	ou 5 p.	*id.*		= 3, 06
—	—	60	ou 6 p.	80°.		= 4, 18
—	—	75	ou 5 p.	*id.*		= 4, 38
—	—	90	ou 6 p.	*id.*		= 4, 50
—	—	60	ou 4 p.	70°.		= 4, 23
—	—	75	ou 5 p.	*id.*		= 4, 18
	—	90	ou 6 p.	*id.*		= 4, 26
—	—	60	ou 4 p.	65°.		= 2, 32
—	—	75	ou 5 p.	*id.*		= 3, 25

Les résultats de ces expériences suffisent, sans commentaires, pour prouver que le degré alcoométrique le plus favorable est l'alcool à 80°, et la proportion de ce véhicule de 5 parties, car l'excès en plus, enlevé par une plus grande quantité d'alcool, est assez insignifiant. Le Codex emploie le même degré alcoométrique.

Comme on le voit, le nombre des substances sur lesquelles j'ai expérimenté est de 32, et les expériences assez nombreuses, pour que, d'après les résultats obtenus, je puisse tirer les conclusions suivantes :

Conclusions.

1° Les degrés de l'alcool prescrits par le Codex, ne sont pas toujours ceux qui sont le plus favorables pour dissoudre en plus grande quantité les principes contenus dans les substances employées à la préparation des teintures.

2° Ces degrés ne peuvent guère être admis d'une manière générale et par analogie, que pour un certain nombre de substances. Ce n'est que l'expérience qui doit prouver quel est celui qui convient le mieux à chacune d'elles.

3° La proportion de quatre parties d'alcool pour une de substances, employée par le Codex, n'est presque dans aucun cas suffisante pour dissoudre en totalité les parties solubles de ces matières. Les cas dans lesquels cette proportion est suffisante, sont assez rares pour empêcher de généraliser ce fait.

4° La quantité d'alcool suffisante pour épuiser complétement une substance, est, en général, de cinq parties d'alcool pour une partie de matière. Pour certains cas cependant, assez rares du reste, cette proportion n'est pas tout à fait assez forte, mais la quantité de matière dissoute est si faible, qu'on peut la négliger et faire une règle générale.

5° La quantité d'alcool est toujours suffisante pour épuiser une substance, quand ce véhicule est en assez grande quantité pour la baigner, et lorsque ces matières sont de nature herbacée, comme les feuilles.

6° Les degrés alcoométriques que j'ai trouvés les plus convenables pour la préparation des différentes teintures, sont : l'alcool à 80° à 56° et 45°.

On trouvera ces degrés alcoométriques rangés dans un tableau avec les substances auxquelles ils conviennent. J'ai ajouté aussi, à chacune de ces teintures, la quantité de la substance équivalente à 1 gramme de teinture.

Je citerai avant de terminer, un fait singulier qui, comme on peut le voir, s'est présenté presque à chaque expérience : en effet, presque chaque fois que la proportion d'alcool était trop forte pour épuiser les substances, j'ai toujours obtenu moins d'extrait que quand cette proportion était juste suffisante, c'est-à-dire que, plus j'augmentais la quantité d'alcool, plus la quantité d'extrait diminuait.

Ce fait, analogue à celui qui s'observe également, quand à une dissolution concentrée d'opium on ajoute de l'eau, et que l'on voit se précipiter des matières qui auparavant étaient tenues en dissolution, ce fait, dis-je, prouve assez qu'il y aurait un grand inconvénient à augmenter de beaucoup la proportion d'alcool dans la préparation des teintures ; car, outre que la densité de la teinture serait diminuée par cette addition d'alcool, elle le serait encore par la précipitation d'une certaine quantité de matière, comme cela arrive pour la dissolution d'opium.

Tableau des différents degrés d'alcool à employer pour chaque substance.

	Substance			En nombres ronds.
On preparera avec 1 partie de substance et 5 parties d'alcool à 80°, les teintures de. . . .	Quinquina jaune.	1 gr	de cette teinture équiv.	à 0,20 de poudre.
	Jalap.	1 gr	—	à 0,19 de poudre.
	Canelle.	1 gr.	—	à 0,20 de poudre.
	Pyrèthre.	1 gr.	—	à 0,20 de poudre.
	Safran.	1 gr.	—	à 0,17 de poudre.
	Castoreum. . . .	1 gr.	—	à 0,18 de poudre.
	Myrrhe.	1 gr.	—	à 0,19 de poudre.
On preparera avec 1 partie de substance et 5 parties d'alcool à 56°, les teintures de. . . .	Rhubarbe. . . .	1 gr.	—	à 0,18 de poudre.
	Absinthe.	1 gr.	—	à 0,19 de poudre.
	Quinquina gris.	1 gr.	—	à 0,20 de poudre.
	Ipécacuanha. . .	1 gr.	—	à 0,19 de poudre.
	Noix vomique. .	1 gr.	—	à 0,20 de poudre.
	Gentiane.	1 gr.	—	à 0,18 de poudre.
	Quina rouge. . .	1 gr.	—	a 0,20 de poudre de quina.
	Digitale.	1 gr.	—	a 0,18 de poudre.
	Sene.	1 gr.	—	à 0,19 de poudre.
	Scille.	1 gr.	—	à 0,17 de poudre.
	Ellébore noir. .	1 gr.	—	à 0,18 de poudre.
	Racine d'azarum.	1 gr.	—	a 0,19 de poudre.
	Contrayerva. . .	1 gr.	—	à 0,20 de poudre.
	Polygala. . . .	1 gr.	—	à 0,18 de poudre.
	Gingembre. . .	1 gr.	—	à 0,20 de poudre.
Avec l'alcool à 56°. 8 parties (Codex) la teinture de cantharides.				
On préparera avec 1 partie de substance et 5 parties d'alcool à 42° (1), les teintures de. .	Racine de valériane. . . .	1 gr.	—	à 0,19 de poudre.
	— d'ellébore blanc. . . .	1 gr.	—	a 0,18 de poudre.
	Bulbes de colchique. . . .	1 gr.	—	a 0,19 de poudre.
	Feuilles d'azarum.	1 gr.	—	à 0,19 de poudre.
	Aconit.	1 gr	—	à 0,19 de poudre.
	Ciguë.	1 gr.	—	à 0,18 de poudre.
	Belladone. . . .	1 gr.	—	à 0,19 de poudre
	Jusquiame. . .	1 gr.	—	à 0,18 de poudre.
	Strammonium..	1 gr.	—	à 0,18 de poudre.

Quant au mode de préparation de ces teintures, je crois que l'expérience a assez prouvé que, de tous les moyens proposés, la macération à froid est celui qui convient le mieux.

(1) Je n'ai pas hésité un seul instant à admettre ce nouveau degré alcoométrique Il peut en effet parfaitement conserver les substances qu'il a dissoutes.

PARIS — IMPRIMERIE DE FAIN ET THUNOT,
Rue Racine, 28, pres de l'Odéon.

www.ingramcontent.com/pod-product-compliance
Ingram Content Group UK Ltd.
Pitfield, Milton Keynes, MK11 3LW, UK
UKHW021203230726
13926UKWH00001B/277

9 782014 059397